Hombres de las nieves

Grace Hansen

Abdo Kids Jumbo es una subdivisión de Abdo Kids
abdobooks.com

abdobooks.com

Published by Abdo Kids, a division of ABDO, P.O. Box 398166, Minneapolis, Minnesota 55439.

Abdo Kids Jumbo™ is a trademark and logo of Abdo Kids.

Printed in China

102025

012026

Spanish Translator: Maria Puchol

Photo Credits: Alamy, Getty Images, Granger Collection, Shutterstock, ©Fandom p22/CC BY-SA 3.0

Production Contributors: Teddy Borth, Jennie Forsberg, Grace Hansen
Design Contributors: Candice Keimig, Pakou Moua

Library of Congress Control Number: 2025942211

Publisher's Cataloging-in-Publication Data

Names: Hansen, Grace, author.

Title: Hombres de las nieves/ by Grace Hansen

Other title: Yetis. Spanish

Description: Minneapolis, Minnesota: Abdo Kids, 2026. | Series: El mundo de los seres mitológicos | Includes online resources and index.

Identifiers: ISBN 9798384909026 (lib.bdg.) | ISBN 9798384909606 (ebook)

Subjects: LCSH: Yeti--Juvenile literature. | Abominable snowman--Juvenile literature. | Mythical animals--Juvenile literature. | Folklore--Juvenile literature. | Legends--Juvenile literature. | Spanish Language Materials--Juvenile literature.

Classification: DDC 398.2454--dc23

Contenido

El mito del hombre de las nieves

Los hombres de las nieves, también llamados yetis, son criaturas del **folklore**. En muchas **culturas** de todo el mundo se cuentan historias de criaturas similares todavía por comprobar. Algunas se remontan a miles de años atrás.

Tras años de historias, los **sherpas** llamaron a esta criatura "yeh-teh", al que los europeos nombraron "yeti". Alrededor de 1920 los británicos lo bautizaron como el "abominable hombre de las nieves".

El gigante de las montañas

La **tradición** del yeti comenzó en el Himalaya. Los **sherpas** viven en Nepal y el Tíbet. Cuentan historias sobre una gran bestia peluda en la zona.

el himalaya
N
W
E
S

El yeti es una criatura con aspecto de simio que camina a dos patas. Algunos dicen que tiene el pelaje marrón rojizo. Otros lo describen con pelo amarillo, blanco grisáceo o negro.

Los informes sitúan al yeti de 5 a 10 pies de alto (1.5-3 m). La gente dice que tiene cierto olor a zorrillo.

Se cree que los yetis son **carnívoros**, que comen animales **nativos** de montaña como las marmotas. Pero también podrían comer animales más grandes, como los yaks.

Los yetis son criaturas **nocturnas**. Por eso se les suele ver de noche. Dicen que emiten rugidos y gruñidos.

Protectores

Los **sherpas** consideran a los yetis los guardianes del bosque y creen que deben ser tratados con respeto.

Hombre de las nieves de hoy

Las historias del yeti y otros fenómenos parecidos, siguen siendo populares hoy en día. Son protagonistas de libros, programas de televisión y de películas como *Smallfoot (Pie pequeño)* y *Abominable (Un amigo abominable)*.

Otras criaturas
que comprobar
Almas
Russia
y Mongolia
Am Fear Liath Mòr
(el gran hombre gris)
Escocia
Bigfoot
(Sasquatch)
Norteamérica
Yeren
China
Yowie
Australia

Glosario

carnívoro – animal que se alimenta solamente de carne.

cultura – características de un grupo particular de personas con el mismo idioma, costumbres ideas y arte.

folklore – historia y formas de vivir de la gente de un lugar o país concreto.

nativo – relativo al lugar natal o de origen.

nocturno – activo de noche.

sherpa – miembro del pueblo tibetano que vive en Nepal y es conocido por su experiencia en las montañas.

tradición – costumbre, que se conserva por transmisión de conocimientos.

Índice

¡Visita nuestra página **abdokids.com** para tener acceso a juegos, manualidades, videos y mucho más!

Los recursos de internet están en inglés.

Usa este código Abdo Kids

WYK8619

¡o escanea este código QR!